Carlos Butterfield

The National Debt and the Monroe Doctrine

Carlos Butterfield

The National Debt and the Monroe Doctrine

ISBN/EAN: 9783337298395

Printed in Europe, USA, Canada, Australia, Japan

Cover: Foto ©Thomas Meinert / pixelio.de

More available books at **www.hansebooks.com**

THE NATIONAL DEBT

AND THE

"MONROE DOCTRINE:"

HOW TO EXTINGUISH THE ONE AND ESTABLISH THE OTHER.

A PRACTICAL PLAN TO SECURE THE PEACE AND PROSPERITY OF
THE SPANISH-AMERICAN STATES, AND GREATLY TO
AUGMENT THE COMMERCE AND WEALTH
OF THE UNITED STATES.

To the People of the United States:

THE political power of this country resides in the people: all questions, therefore, of general interest are here referred for decision to the " collective wisdom " of the nation.

Whoever may seem to lead the public mind in any great movement is virtually but an organ, if his thought be not an inspiration, of the popular will.

For nearly half a century the question discussed in the following pages has occupied the attention of our statesmen, and on several occasions been gravely considered by the Government. Again and again postponed, it has recurred and will continue to recur until the mass of the people shall be aroused to the wisdom and necessity of finally disposing of it.

Brought prominently to notice by recent events its importance seems now to be more generally recognized. From the close of our late war to the present hour, thinking men have been seeking the best remedy for the acknowledged evil of European intervention in America, and the people seem determined it shall cease. Other bodies of Americans, composing what is known as the Spanish-American States, under the pressure of a more immediate interest and anxiety, are also enquiring: " How shall we secure exemption from European interference ?"

Now, therefore, as if from a common sense of wrong and of danger, and with a common purpose to complete the work of American independence, the brotherhood of nations on this Continent are earnestly moving toward the settlement of the question upon principles of reciprocal advantage to the American Powers.

The co-operative system of international relations herein indicated, between the independent States of America, if adopted and fully carried out, will, it is confidently believed, prove a solution of the difficulty and embrace other great and desirable results, as follows :

First : The security of the independent States of this Continent against European intrigue and intervention, and of the Colonies here established against any change of dominion, except by transfer to some American Power, or by the achievement of their independence.

Second : A stable government in each of the Spanish American States participating in the arrangement and permanent relations of peace among themselves and with all other nations.

Third : The rapid development of the vast resources of the Spanish-American States, and the diversion of their immense foreign trade, thus augmented, into the ports of the United States ; and, as one of the fruits of that profitable trade, the payment in a few years of our national debt.

All this in the interest of peace; directly productive of the largest benefits to the people of the countries more immediately concerned ; and incidentally promoting the welfare of mankind throughout the world.

The facts adduced in support of the plan herein suggested

are from the most trustworthy sources, and the data whereon estimates of commercial results are founded, may, in the main, be verified by statistics compiled under the direction of the United States Government; or by the *Balances Générales*, of universal authority.

The Spanish - American States comprise the richest portion of this continent, and yet their native wealth in the main lies dormant, owing to revolutions, begun with their war for independence, and continued, with brief intervals of peace, to the present time. Unfortunately the legacy left them by the despotism overthrown by their arms was far different from that preparation for self-government with which we assumed a place among the nations. We had received from tradition, and practised in our local legislation, principles unknown to their Colonial system. We had prescriptive rights, and our obedience was due to laws either of our own enactment or binding equally the colonies and the mother-country.

They enjoyed at the best but privileges, granted and withdrawn at the pleasure of the Crown, or of corrupt Viceroys, and creating monopolies in the hands of a few, oppressive to the mass of the people; the obedience demanded of them being unquestioning submission to arbitrary authority. Hence, they have had to learn by experience the self-control and practical statesmanship which were our birthright. Besides, they have always had in their midst a faction, representing the old monopolists and Court favorites, secretly exciting discontent, and ever ready to betray them for a price, as has recently been done in the case of Mexico.

In the absence of security to person and property they have not only failed to derive from immigration, and the natural increase of their population, the benefits which have so richly endowed us, but the labor and capital at their command have lacked, the one the incentive, the other the exemption from hazard, indispensable for their most productive employment. And yet their population has nearly doubled since they gained their independence.

The people of those countries, taught by experience and not inattentive observers of the progress of the United States have learned that the foundation of national prosperity must' be laid in a stable government, changing its functionaries only by the will of the people according to its organic law.

Convinced that it is time to place themselves in a position which would secure them against both domestic strife and foreign aggression, thus enabling them to invite immigration, rapidly to people and develop those vast regions of incalculable wealth; and confident of their ability, with the requisite moral influence, to maintain the Governments they have established and thereunder to reach a high degree of prosperity, they appeal to the United States, who, by a seasonable recognition, helped them to achieve their independence, for the moral aid now required to confirm it to their posterity. They appeal to the friendly power, who, after acknowledging their national existence, once saved them from reconquest, to avert the danger now threatening them from the same quarter.

They are our neighbors—members of the American family of nations—and as such have our sympathy, and are entitled to our good offices. The revolutions that freed them from bondage were inspired by our successful struggle, and the Governments they framed, and are yet striving to uphold, were, many of them, modeled after our own. To extend to them now the friendly hand they need would be to honor the example and give effect to the purpose of our fathers, whose tacit promise of continued friendship we should thus redeem, and at the same time gracefully discharge the obligation annexed to the position we occupy as the leading nation on this continent. It would seem therefore to be our duty, if it can be done without injury to ourselves. *But we shall thereby be largely benefited.*

There is too a political consideration of momentous importance, which has from time to time formed matter of grave deliberation and concern with our Government, and now demands the earnest attention of the people. It has long been, among the nations of Western Europe, a cherished purpose to divide and weaken the United States, whose great and growing power filled them with jealousy and alarm. Those of us who before doubted the fact have been convinced of it by the conduct of some of those Powers during our late civil war. Within the last four years we have seen an attempt, by armed intervention, to subvert the authority and control the internal affairs of a neighboring Republic; and on its ruins to erect a so-called Empire, essentially of European institution and evidently to serve European aims. The object having been to enable France to gain such a foothold on this Continent as to give her an interest and influence in its affairs equal to that of Spain and England; and, to strengthen the alliance, with ulterior views, Austria and Belgium were committed in the person and family of the so-called Emperor of Mexico.

The plan concerted, and yet to be fully executed if permitted by our Government, was: after the conquest of Mexico, and the consolidation of the new Empire, to take possession of all the other Independent Spanish American States, one by one, and, under various pretexts and counterfeit tokens of popular consent, to parcel them out among the several parties to this European enterprise, the aim of which is nothing less than to obtain and wield the controlling power and influence, both political and commercial, of all America. The course pursued by Spain, since her withdrawal from the Mexican adventure, is strongly indicative of the continuance of the alliance as to that Power, with the covert design herein charged, she having declared war against others of the States, once her colonies, upon more trivial grounds of difference than existed between her and Mexico. The reason for the recall of the Spanish troops from Mexico would seem to have been the opinion that they were not needed in that direction, while in another quarter they could do service in aid of the general scheme.

Such is now the condition of affairs, that the United States have either to sustain the constitutional government of Mexico, become the keystone of the arch of Spanish-American independence, or else consent to the establishment upon our frontier of a monarchy against the will, and despite the armed protest, of the Mexican people. If we embrace the latter alternative it will be a departure from the policy we originated, and from which we have never deviated in our intercourse with other nations; namely, to recognise all governments emanating from the people, inquiring only as to the fact of their formation from within.

This so-called Empire having received its initial impulse, its organization and its support from without, cannot justly claim to have proceeded from, and to express, the will of the people it assumes to govern. For us to recognize it would be to disown the "American System," our own offspring, and to transplant among the nations of America the theory and practice of European monarchs.

But, any direct interference on the part of the United States would inevitably result in a war with one or more of the European continental Powers, secretly encouraged by Great Britain, for the sake of the " carrying trade," and other privileges of a neutral, with possibly the promise of Cuba upon the condition of the restoration of Gibraltar to Spain.

The answer of M. Drouyn de Lhuys to our minister, in relation to the treatment of prisoners of war in Mexico, far from showing it to be the purpose of the Emperor of the French to recall his troops, before their place shall have been supplied by other foreign forces, is evidence that he has allies pledged to his support, as he is pledged to the support of the Austrian Archduke. Nations, when they mean to pursue a conciliatory course, are always courteous. But, as in this instance, they are sometimes uncivil, when they would provoke hasty action, which they hope to make available as a plausible pretext for the open execution of a secret plan. Such a reply would not have been made had the fate of his experiment, in Napoleon's conception, depended only upon Maximilian's ability to carry it out with our consent.

The position lately assumed by Lord Clarendon, and his abrupt conclusion of matters in controversy between England and our Government, viewed in connection with the disposition toward an equitable settlement evinced by his predecessor, tend to show that England is now privy, if not a party, to this alleged secret understanding.

The address of the Emperor of the French, at the opening of the Chambers, gives no assurance of the withdrawal of his troops from Mexico. If it did, and named the time therefor, it would not follow that the wish of the people of the United States would be respected by a reference of the matter in question to the untrammeled decision of the Mexican people. Napoleon and his protegé will not "fix the epoch for the recall" of the French troops until Austria and Belgium shall have furnished their contingents. These, though they come not in armed battalions, will nevertheless be foreign recruits, in the interest, and destined to execute the purpose, of the allied European powers, by continuing to coerce the will of the people of Mexico and maintain a cause unfriendly to the United States. Interpreted by the light of the bold assertion that the so-called Empire is founded upon the popular will, the promise to retire from Mexico may well be taken to mean no more than the purpose to leave Rome—so often avowed within the last six years, and yet unexecuted.

The main branch of the promise is to protect what are called "French interests"; the subordinate branch to recall the troops when the work in which they are now engaged shall have been finished.

"I am making arrangements," says Napoleon, "with the Emperor Maximilian to fix the epoch for the recall of our troops, *in order that* their return shall be effected without compromising the French interests which we have been to that distant country to defend." Instead of removing "the cause of emotion" this usurpation of dominion has, by his own confession, given our people, the Emperor's address is as little satisfactory as the language of his foreign Secretary to Mr. Bigelow. Both are ambiguous and evasive, and corroborate the direct testimony of the organs and agents of Maximilian, here and in Europe, to the existence of a league pledged to sustain him as herein charged. Though the levies sent to relieve the forces now upholding the new throne be not immediately organized, and its incumbent be thus ostensibly abandoned by all of his allies, such a procedure would be but a ruse to open a door for the entrance of aid to the Constitutional Government of Mexico from the United States, and thereby to provide the occasion sought, for a combined movement of the associated European powers. If indeed the copy of the convention concluded at Miramar, which has been published, be authentic, Napoleon is thereby pledged to keep in Mexico the French troops until their place shall have been supplied, and, for six years after the recall of the French forces proper, to maintain what is called the "Foreign legion in the service of France," composed of eight thousand men. Furthermore, provision is made by the treaty of Miramar that at all points where the forces are not exclusively Mexican they shall be commanded by a French officer.

Now, as we are desirous of preserving amicable relations with the European powers, the question arises: what should be the course of the United States toward Mexico and the other independent American States, so as to encourage them in maintaining the Governments we recognize, and, at the same time, to avoid war with European nations?

This desirable end may be attained, in accordance with the wish of the Spanish-American States, by an arrangement, in strict conformity with our general foreign policy and in violation of no principle of International Law, which would tend greatly to our own security and aggrandizement.

The suggestion about to be made is of no novel national policy claimed to have been originated, but simply a practica method of making efficient, without war, that wise American policy, by some of the Fathers of the Republic discerned with prophetic eye, and by one of our Presidents, with the approval of the author of our Declaration of Independence, proclaimed as the position then assumed and to be maintained for all future time by this country, in reference to European interference in the internal affairs of Independent States, and as to attempted transfers of Colonial possessions, on this continent.

The popular instinct, which is the instinct of self-preservation, now endorses this policy of our Government with remarkable firmness and unanimity, our people being undecided only as to the means of carrying out the policy without entangling or embroiling the United States with any European Power.

A majority of the Spanish-American States, if assured of the approval of their purpose on the part of our Government, propose to form an alliance among themselves for mutual protection against both internal revolution and European aggression, and stipulating that in future any difference or misunderstanding between any two or more of the contracting Parties shall be referred for settlement to an Umpire to be chosen from among the American States. Meantime, upon the joint invitation of a majority of the Spanish-American States, presented to our Government by their representatives, a convention may be entered into of a different character, not involving domestic interference, but having for its object the enforcement of our continental policy. The United States engaging to recognize no Government on this continent the establishment of which shall be attempted by European intervention. All the American Powers embraced in the convention agreeing to make common cause against any Power or combination of Powers, not within the territorial limits of America, actually undertaking the subversion or control of any independent American Government now, or hereafter to be, established. All the parties to this convention to resist any change in the national dominion over any of the European Colonies in America, unless it be by transfer to some American Power, or through the achievement by such Colonies of their independence. The Spanish American States, parties to this understanding, further agreeing that the United States shall have, over all nations not domiciled in America, every advantage in trade and intercourse consistent with existing treaties. This would bind us only to maintain the position we have already of our own motion assumed.

It is evident that such an arrangement would make a revolution impracticable in any of those Spanish-American States so uniting; for no ambitious leader would dare attempt to overthrow the legitimate government, if it could command the aid of one or more of the neighboring States.

Hence, as a result of moral influence, without the exercise of physical force, those countries would settle down in a state of peace. Through a liberal commercial system, and inducements to immigration—such for example as already, much to her advantage, Brazil has begun, and in which, for its improvement and extension to this country, she desires the co-operation of our Government— their genial and varied climates and great natural resources would largely attract labor, capital and enterprise from abroad, to result in such and so rapid a development as at an early day to produce unexampled prosperity and an immense foreign trade, the greater share of which, with due encouragement from our

Government, and appropriate facilities for communication, would be enjoyed by the United States: The increase of our commerce from this source would defy all calculation. Nor would the political effect of the proposed arrangement, once made and promulgated, be less important or less desirable.

The alliance already formed, or in process of formation, between the Potentates of Western Europe, would then be paralyzed. All Europe combined would not dare invite a conflict with this country, thus supported. Therefore, the measure herein indicated would seem to commend itself to favor, as eminently adapted to prevent a foreign war, and as providing a sure remedy against European intrigue and interference in the political affairs of America, which will otherwise certainly continue to disturb the peace and endanger the permanence of every independent government on this continent, unless checked and expelled by a resort to arms.

The dangers to us of complications and collisions with Europe have been increased and are constantly multiplying as an effect of Steam communication, which has brought us into relations more intimate than formerly belonged to nations separated only by mountain ranges or large rivers; and yet, the political interests of Europe and America are as diverse and irreconcilable as when communication between the two continents was irregular and infrequent. It is also to be considered that the European Powers are not only bound together by common interests and sympathies, but so connected by Railways and Telegraphs as at a moment's warning to act in concert in their plans, and quickly to concentrate their several forces when determined to combine them. Hence it behooves us by wise precautions to present an array of power sufficient to make the experiment of putting it to the proof too hazardous for prudent Sovereigns to try. We shall thereby restore and make permanent the peace of this hemisphere, and earn the gratitude of mankind by bringing to naught the effort to introduce a new element of discord, and beget a war of races, in countries designed by Providence for the reconciliation and common possession of all the races. Unless the counsels and aims of narrow interests shall prevail over the doctrine that the rights of the people are to be preferred to the privileges of any class assuming to govern without authority from the governed, America will be the peaceful home of all kindreds, creeds and tongues, who may, in their several communities, cultivate the arts, amenities and intercourse of a high state of civilization, with honest rivalry, but without dissensions because of difference in origin, in religion, or in their form of government.

With a view to the large benefits thence to arise, as well as the common dangers to which we are exposed, a wise forecast should, it would seem, prompt all the independent American States to strengthen their position and prepare the way for future prosperity, not only by harmonious action in a temporary emergency, but by drawing together in closer connection the remoter parts of all the countries concerned, through regular and frequent ocean mail steam communication, and a net work of Railways and Telegraph lines, which would ensure both the rapid conveyance of intelligence and a profitable interchange of commodities.

The natural result of the adoption of the proposed arrangement would be more advantageous to our people than is apparent to those who have not carefully estimated the prospective increase of our commercial and manufacturing interests when stimulated and fed by the mobilized resources of an immense territory, of surpassing fertility and inexhaustible mineral wealth, wherewith our present trade is as nothing in comparison with its capacity for augmentation. It would soon relieve the country from the burden of taxation and high prices, now so sensibly felt ; for it would enable the Government to pay off the national debt in a few years, leaving the country with the vast wealth of all America still flowing into its ports and enriching its treasury.

While our people are resolved to maintain the dignity and honor of the country, there is yet an almost universal dread of political and financial trouble to grow out of this matter of European intervention. This cloud would be dispelled and give place to a cheerful confidence in the future on the announcement of the adoption of such a measure.

There is already some manifestation of discontent with the burden entailed on us by our civil war, less because of its weight upon this generation than from apprehension of its continuance and transmission to our posterity. Let it be known to the body of the people that a feasible plan is to be put in operation, whereby, from an increase in commerce and foreign revenue alone, in less than twenty years the National Debt may be extinguished, and the effect would be magical. Our entire population would take heart and hope and be nerved with new life and energy.

It is proposed, therefore, to show by the briefest possible estimate, founded upon official statistics, the probable and almost certain growth of our foreign commerce, and consequent increase of revenue, to flow from this arrangement, if made effective in its commercial as well as its political aspect.

The Spanish American States have a population of 35,000,000, one-sixth greater than ours, and an area of

7,500,000 square miles, two and a-half times that of the United States. The annual value of their imports is \$240,-000,000 ; of their exports, \$263,000,000—a total foreign trade of \$503,000,000 ; an absolute value only 17 per cent. less than ours, and but 20 per cent. less per head. The share of this five hundred millions of commerce now enjoyed by the United States is only 114,000,000, although nearly every article we produce or manufacture is consumed by those people, and we consume, or could manufacture and return to them for their use, almost every commodity they export. (*See Butterfield's " United States and Mexico," pp.* 33–39 *inclusive.*)

In 1856, Great Britain had nearly \$83,000,000 more of this trade than we. Her proportion of it is now much larger. The value of the imports into Chili in 1864 was, by official statistics, \$18,867,363. Of this, England exported 43 per cent.; France 20 ; the United States but 5 per cent. Nearly 5,000,000 of these imports consisted of products and manufactures in which we excel the rest of the world ; and yet we furnished but 10 per cent. of them. In the South Pacific coasting trade, of which we should have a large share, it seems we participate only to a very small extent, by sailing-vessels. The English have now in the South Pacific, 25 steamships ; the United States, not one !

The ability of the Spanish American States to sustain a much larger foreign trade is shown by the results already attained in some of them ; for in natural resources they are all nearly equal. The foreign commerce of Cuba is 300 per cent greater than ours, in proportion to population; that of Chili 30 per cent greater ; that of Brazil nearly equals our own in the same ratio. (*"U. S. and Mexico," pp.* 36.)

The Government of Brazil, in the scope and liberality of the commercial system and the reinforcement of all branches of internal trade and industry it has introduced and is laboring to perfect, through encouragement to immigrants and the beginning of an extensive Steam Commercial Marine, will soon have a largely increased foreign trade and a greatly enhanced prosperity, as is evident from the stimulus already imparted to private enterprise and the effect in growth of population and general business experienced as the direct result of the fostering care of the Government, aided of course by the application of the individual means and energy of an enlightened and enterprising people.

Nothing but the want of tranquillity, and the absence of means of communication, prevents the trade of any of those countries from equaling, per head, the present trade of Cuba, which last has by no means attained the maximum of its capacity. With proper facilities for intercourse, there is no reason why their commerce with the United States should not within ten years amount to $1,000,000,000 per annum.

The annual yield of the silver mines of Mexico might easily be made to exceed in value the gold production of California, its control secured ; and its benefits enjoyed, by the United States. Our trade with Mexico alone increased, in proportion to population, to what it now is with Cuba, would be $237,000,000 per annum. Our entire trade with Cuba in 1858 was $41,648,037. The value of her exports to the United States was for that year $27,214,846; her population being about 1,500,000. (*"U. S. and Mexico," pp.* 32-40 *inclusive,*)

The annual value of our commerce with all Spanish America, increased in the same ratio, would be over $968,000,000.

Of this sum, taking the exports of Cuba to this country as the basis of calculation, the annual value of their exports to the United States would be $569,300,000. It may be objected to this basis that our trade with Cuba is exceptional, her exports to us largely exceeding ours to her. But any apparent unfairness in the estimate is not real. This country consumes an enormous quantity of the articles forming the greater part of our imports from Cuba. We can never meet the demand by home production, our soils and climates not being adapted to the most valuable of those products. The increase of our population and wealth would so augment the consumption of those commodities, already largely exported from some of the Independent Spanish American States, that, though not maintaining the same ratio between exports and imports as now obtains in our Cuban trade, which is surely undesirable, the ratio to their population of the value of the exports to us from all of the Spanish American States would equal, if it did not far exceed, what that of the exports of Cuba to us is to its population : With this decided advantage to us, due to the arrangement herein suggested, that, instead of adjusting the balance of trade as with Cuba by the payment of specie, we should settle it by receiving specie, owing to the immense demand those countries would make upon us for our fabrics, machinery &c. ·

Cuba is of necessity the starting point in our calculation, because it is the only one of the Spanish-American countries with which we have had for a sufficent period regular mail steam communication.

To return : The receipts from customs on $569,300,000— the estimated annual value of our imports from all of the Spanish-American States after the establishment of the intercourse contemplated by this plan—at the average rate of duty for the fiscal year ending June 30th, 1863, 31⅓ per cent., would be $157,621,600. This percentage is obtained by comparing the value, of imports,—$262,287,587, less, for undutiable goods, $44,826,029,=$217,461,556 with $69,059-642, the receipts from customs for that year. (*Ex. Doc. No. 3, 38th Cong.*) The average of duty, under the amended Tariff Act now in operation, is believed to be at least 50 per cent. But suppose it 40, this trade would yield from customs $227,720,000 per annum, without increase of population; amounting in fourteen years to $3,188,080,000, nearly $200,000,000 more than our National Debt, according to the estimate for the close of the current fiscal year. Allowing two years, and less time would be needed, to perfect the working of the system, the debt could be discharged in sixteen years, without considering the effect of each annual contribution in paying off maturing Bonds. No small benefit would thence enure to the people in lessening the interest to be met by Internal Revenue; for it would make practicable a gradual and rapid reduction of the direct tax. The Internal Revenue will pay the interest on the debt. The duties on imports from other countries will defray the current expenses of our Government. So that the duties on our imports from the Spanish American States may be wholly applied toward the payment of the national debt.

But let us suppose $25,000,000 of the receipts into the treasury from that source have to contribute toward the payment of the expenses of each current year : that in sixteen years would amount to $400,000,000, which would involve the extension of the limit to seventeen years,—the sum of the surplus over $3,000,000,000 added to the annual yield being nearly $425,000,000.

Certainly but one or two months beyond the seventeen years would be required to complete the payment of our national debt, according to this view of the effect of increased facilities for trade and of internal tranquillity, and, instead of exceeding, it is believed to be far within the reasonable promise and legitimate result of the arrangement.

Let us now estimate our increase of trade, and the receipts thence to arise, from actual results brought about by improved means of intercourse and trade, taking Cuba again as an example, for the reason before assigned.

In 1850, United States Steamers commenced touching at Havana. Our total trade with Cuba for that year was $15,282,625. For the year ending June 30th, 1858, to which it had grown gradually but rapidly through preceding years, it was $41,648,037—an annual increase in eight years of over $26,000,000. (*"U. S. and Mexico,"* pp. 50-1). Applying this rate of increase, as before, to all Spanish America, we have in eight years an annual increase in trade of over $606,000,000, and an annual value of imports into the United States of $635,800,000, (estimating from Cuba's exports to us) which, at the average of 40 per cent., would pay into the treasury at least $254,332,000 per annum, or a total in eight years of $2,034,656,000.

The receipts for the previous eight years, according to the rate of increase in the case of Cuba, would be at least $1,000,000,000, or a total of $3,034,656,000 in sixteen years— enough to pay the debt and leave a small surplus.

But the estimated is far less than the probable actual result. The growth of population, from natural increase and from immigration, with every branch of industry thereby stimulated, would so augment the foreign commerce of those countries that we might safely calculate upon an aggregate of revenue from this source, within ten years, of at least $4,000,000,000, as the fruit of the plan proposed, and the enterprises which would be fitted out and commercial facilities furnished by American merchants, under the protection of their several governments.

Should the proposed convention be concluded, it may be thought advisable to establish at Washington, under the auspices of the contracting Powers, a Bureau, charged with the duty of collecting and preserving accurate information of all the countries embraced in the arrangement, and of reporting thereon to the respective Governments whenever directed so to do; with a full and detailed annual report, showing the progress in industry, population, commerce, and wealth due to the influence of the arrangement, and recommending such new features in its own system as experience shall dictate.

The archives of this office would constitute a reservoir of valuable information, competent to supply the wants and guide the action of commercial men throughout the continent in all the international relations of trade. With a reliable record of the statistics of supply and demand in all of the different American markets, the merchant would be at no loss in making up a cargo and choosing its destination, and purchasers would be furnished with the means of deciding where to procure on the best terms whatever commodities they might require. Capitalists desirous of embarking in mining, manufacturing, or other enterprises, would here find the data requisite to enable them to determine judiciously the site of their operations; while inventors, engineers, and other men of skill and ingenuity would be directed to appropriate and remunerative fields of labor.

It is believed that such a medium of intelligence would meet a want which has been long and seriously felt by commercial men, and that it would prove an invaluable aid and stimulus to profitable intercourse between the ports of the different countries.

Enjoying the facilities for investigation which would be afforded its agents by the several governments under whose countenance and authority they would prosecute their inquiries, the Bureau would be incomparably superior to any private system which could be devised. Free too from any bias of personal interest, its testimony could be appealed to with absolute confidence in its truth.

To crown this plan with success it would seem to be necessary that all the nations concerned should co-operate in the promotion of commercial intercourse. The benefits to accrue therefrom to the United States will of course be proportional to their relative commercial importance.

The peculiar merit of this measure is that it is at once conservative and progressive, being a middle course between two extremes. Eminently a peace measure, it will at the same time fully vindicate our national honor, and result in great political and pecuniary advantage to all the American peoples interested.

This seems to be a favorable time for its adoption; for it will meet the wishes of a large majority of our own people; receive the cordial support of the people of all the other independent Powers on the American continent; and constitute an irreversible establishment of the "Monroe Doctrine" as the law of nations for the western world.

It is well known a similar plan, just forty years ago, had the approval of some of our wisest statesmen, who enjoyed to an eminent degree the confidence of the people. But "the fullness of time" had not come. The proposition had to encounter the strength of our Southern slave-holding interest, then in the pride of their power, and exceedingly sensitive of the approach of any influence that could possibly affect their social system. The grounds of their opposition, apart from technical objections, were mainly that no occasion had arisen demanding an American combination to meet an European coalition; and that many of the Spanish-American States had, by constitutional provision, prohibited slavery and admitted as citizens people of African descent. Nevertheless, despite the magnitude of the interest thought to be jeopardized, and the great political influence exerted to uphold it in opposition to the measure, such was the popular sympathy with the views of the Government—then led by Mr. J. Q. Adams, President, and Mr. Clay, Secretary of State, with the support of Mr. Webster in the legislative branch—that the Senate confirmed the nomination, and the House of Representatives appropriated the outfit and salaries of ministers to the "Panama Congress," through popular pressure, against the weight of the personal influence of the great political leaders in Congress. And yet the "Slave Interest" prevailed, through the delays in large part due to the long discussion of the "Panama mission." The influence of the same interest thenceforward restrained our Government from cultivating commercial and friendly intercourse with the Spanish-American independent States, and drove them with their profitable trade into close relations with England. To such a degree has this operated that, for many years, the correspondence of merchants in this country with South American ports has of necessity been carried on through England.

It is well known that the slave-holding power in this country prevented the recognition by our Government of Hayti and Dominica, the former of which countries was excluded from our acquaintance for fifty years after the achievement of its independence, and the latter from the year 1824.

Some of the most powerful opponents of the mission to Panama, and notably Mr. Benton, declared that if the occasion should ever come for a practical application of the American doctrine—if European powers should ever attempt what has now been done—we should not only make common cause with the Spanish American States, but take their lead and oppose with the whole strength of the country the forcible intervention of a European Power, or combination of Powers, in the internal affairs of any of those States, viewing any attempt to control their destiny as necessarily endangering the peace and safety of the United States.

The commercial class of our population, always the first to perceive the approach of any danger touching their interests, foresaw a recurrence of European combinations to reconquer Spanish America and control its commerce, one such design while yet in embryo having been thwarted by the bold position taken by Mr. Monroe. Their fears have been verified most remarkably, not only by our diminished trade with those countries, but by the political interference predicted—the diminished trade however having preceded armed interference, in as much as the arts of diplomacy, taking advantage of our indifference, paved the way for the employment of force.

It would perhaps be assuming too much to claim that the difficulties in the presence of which we now stand would have been wholly avoided by our joining the Spanish American States in 1826, in an agreement to enforce the American Policy ; for it is not easy to anticipate the precise form which an evil we would prevent may assume, and to provide for it in advance an adequate remedy. But had our Congress, fully impressed with the importance of precautions against the danger of European intervention, heartily accepted the recommendation of the President, as some of our most sagacious statesmen advised, the result of the movement then made would have been the development of a kindred measure, perhaps in its main features identical with the one here recommended ; and under such protection it would have been impossible, humanly speaking, for the present condition of things in Mexico to have had a being.

But one objection entitled to any weight can be urged against this measure, and that is its tendency to involve this country in " entangling foreign alliances"; and that therefore it would be opposed to the opinion and counsels of our first President as given in the "Farewell Address." Without adverting to the great changes which have taken place since that time, and more particularly the change in the attitude of European Powers toward this country, calling for "a corresponding change" on our part, a sufficient answer to that objection is : That the special office of this arrangement will be to counteract the influence deprecated in the "Address" and to make impossible the entanglement against which Washington warned his country. The key to the meaning of the question: "Why quit our own to stand on foreign ground?" is contained in the closely succeeding question : " Why, by interweaving our destiny with that of any part of Europe, entangle our peace and prosperity in the toils of European ambition, rivalship, interest &c.?" The "Foreign alliance" meant was an European alliance. Proof of that, if any were wanting beside the context and the history of the occasion for the advice, lies in the fact that we were then the only independent power in this hemisphere.

To an alliance strictly American we may safely trust to save us from the perils attending the complications and collisions of European politics.

It is claimed, as the natural result of the proposed convention, that we shall escape the danger of being involved, not only in European broils, but in a war with one or more European powers, which would severly task the resources and energies of this country and disturb, for an indefinite period, the peace of the world ; and that by its rejection we shall inevitably become entangled, with great hazard to ourselves, in the political affairs of Europe, to which our "set of interests" is not only unlike but directly opposed.

If we decline an American, we shall eventually be constrained to accept an European combination. If we fail so to strengthen the defences of American independence as to render impossible the re-conquest of the Spanish American States by European powers, the entire weight of their population and resources will, instead of supporting us, be ultimately thrown into the scale against us. Thus reinforced, is it to be presumed that the "Coalition" will be careful to respect our rights, or slow to infringe them?

In such circumstances, all the wisdom in council, all the patience and forbearance in action, our Government could employ, would not avail to save us from war, which then we must meet single handed, or else seek an ally in Europe. It is said we can always count upon Russia; but it surely is not beyond memory that Rusia was one of the allied Powers who, some years since, proposed to subjugate Spanish America. If, however, Russia were free from any pledge to co-operate with the Western Powers, and not too much engaged in securing the Mediterranean ports she has long coveted, and, with increased commercial facilities thus acquired, too desirous of enjoying the privileges and emoluments of a neutral, to join us, we should, by her accession to our cause, be irretrievably plunged into the difficulties and dangers of the foreign entangling alliances it is confessedly our policy to avoid.

The truth is, an over-cautious course will not serve the purpose of ensuring our peace and safety; and such an one our Government manifests no intention to pursue, while it equally avoids the other extreme. We have nothing to fear, and much to hope, from increased intercourse and a better acquaintance with our neighbors; but great evils to apprehend, with no benefits to counterbalance them, from permitting our natural enemies to dismantle even one of these Spanish-American States, and make of it the domicil and nursery of European ambition and intrigue. It is true that among nations there is no friendship but from fear or from interest; and it is precisely in this view that the course of policy herein commended would be wise, for thereby we should preserve the friendship of European nations through fear, and increase that of the Spanish-American States through a growing interest.

It may be suggested, by way of objection, that the danger of a collision between this country and the European Powers, instead of being "real and imminent," is too remote to deserve attention in view of the more probable contingency of a conflict among themselves. But history furnishes too many examples of reconciled enemies turning their united arms against a common foe, and of friends temporarily alienated quickly healing their dissensions and again co-operating, for us to permit the present aspect of affairs in Europe to inspire confidence that the division is incurable or may not co-exist with the understanding herein alleged.

The prospect of strife among the crowned heads of Europe is no evidence that a coalition has not been formed against the peace of America. The common purpose interrupted, and in abeyance, will revive and be executed when existing difficulties shall have been adjusted. As the Continental Powers are not used to disband their armies on the cessation of hostilities, the danger to us will be increased by a war in Europe if we meantime sleep in fancied security instead of profiting by the opportunity to make our position impregnable. The marshalling of forces on the other side of the Atlantic may prove but a preparation for their employment here. The present differences, if not composed by diplomacy, may be settled by a war of short duration, which shall leave the strength of the contending armies but little impaired, while some of the parties may improve the occasion by augmenting their forces without actually joining any of the belligerents.

War in Europe, whether partial or general, so far from inducing us to postpone the practical establishment of our continental policy, known as the "Monroe Doctrine," would be, for its peaceful and effective application, a golden opportunity which should not be neglected.

The political part of the proposed arrangement may be terminated when the necessity for it shall have ceased; while the alternative to which we may be driven would probably be productive of interminable and disastrous complications. Want of harmony among the independent American States is an invitation to European aggression, which would cease when confronted by a fixed policy and a common purpose to repel it.

The people of the United States will readily see the benefits to be derived from a plan, the accomplishment of which will open to them an ample field for enterprise and create a new and ever growing demand for the products of their genius and industry, at once bringing them riches, of which no adequate conception can be formed, and entire relief from the taxation now burdening every interest in the country.

The people of the Spanish American States will hail with delight the advent of peace. They will be incited to greater energy by the promise of comfort and luxury from the increased production of their soils and mines, and the wealth, with its whole train of enjoyments, to flow in upon them from a rich foreign trade. They will more carefully practice frugality when every citizen shall be secure in the possession of the fruits of his toil, and will become more and more ambitious of accumulating wealth in proportion to the pride and pleasure awakened by the contemplation and experience of all the forms of an improved social life.

Let them learn that the means of comfort and enjoyment can be procured by exchanging with us their products for our manufactures, without the impoverishing effects of their present system of paying for their imports in large part with the precious metals, leaving but little in the form of currency and capital to stimulate industry and provide improved facilities for internal trade ; then they will keep at home much of their silver and gold, converting it into fixed capital and a circulating medium, which will infuse new life into every branch of business, enabling them to cover their broad territory with Railways and Telegraphs and to build up a permanent prosperity in a lucrative domestic and foreign trade, both to their own and our advantage.

The Governments of those countries would reap the first fruits of the benefits of their alliance in a ready sale of their Bonds. An assurance of peace at home would be to them an assurance of credit abroad; for peace would be a guaranty of prosperity. Such is the fame of the native opulence of those regions that the promise of a tranquil future, consecrated to labor under the guardianship of law, would immediately attract attention to their public securities, while it would create a new demand for the surplus funds of capitalists.

The proceeds of these loans, employed, as they would be, in stimulating improvements through aid afforded to various private enterprises, would call into existence other securities which would further invite capital for investment. The impetus which would be given to mining, under the influence of greatly augmented means employing scientific and skilled labor and improved machinery, where the material is perhaps richer and more abundant than in any other quarter of the globe and the precious metals are in such purity as not to require expensive processes to eliminate them from their ores, should, of itself, in the certainty and value of its results, be a sufficient inducement to enlist in behalf of this arrangement the earnest efforts of all the leading men throughout the American continent.

The natural products of forests, unparalleled in wealth of raw material for the arts both of useful and elegant life—

including particularly inexhaustible supplies of ship timber, drugs, dye-woods, mahogany and india-rubber—would present a field for industry and trade scarcely less inviting than the mines. Those forests would furnish a congenial pursuit for a large and enterprising class of people who, possessed of both means and energy, would bring to their new homes an element of wealth highly desirable in the view of statesmen and patriots looking to the establishment of their country's prosperity as much in the character and productive power of mmigrants as in their immediate contributions to capital. The traffic arising from the exploitation of both mines and forests would greatly swell the volume of the foreign commerce of all those countries.

These are but prominent examples of numerous sources of wealth which would be largely and most favorably affected by this system of international co-operation.

The policy herein advocated, as auxiliary to the general American policy adopted by our Government, is submitted to the people with greater confidence from its entire conformity with the firm and dignified, yet moderate and pacific, course hitherto pursued by the Government in the conduct of our foreign relations. It is presented with the hope that it may aid in the peaceful solution of the political problem now to be worked out and settled as a decree to be observed in future by all nations ; and with entire faith in its promise, if fully carried out, to bestow much larger benefits upon the United States, and the other countries embraced in the arrangement, than they have realized from the commercial treaties now regulating the trade of this continent with all the world.

Apart however from material results, it is a matter affecting our pride and dignity as a nation, and within the province of our mission, to ensure the peaceful triumph of our principles and—against the assumed prerogative and authority of the European association of monarchs to govern either with or without the consent of the people—prove our ability to uphold by diplomacy, as we have done by arms, the supremacy of the rights of man, whose defenders, the world over, have caught from us their inspiration, and could not long maintain their ground were they not cheered by our success and shielded by our power.

New York, April, 1866.

AL PUEBLO DE LOS ESTADOS-UNIDOS. (*)

El poder político de este país reside en el pueblo; por lo cual todas las cuestiones de interés general se someten aquí, para su fallo, al buen juicio de la Nacion.

Quienquiera que en un gran movimiento parezca guiar la opinion pública, no es mas, en realidad, que un órgano del deseo popular, y sus ideas sólo son la inspiracion de éste.

La cuestion que se ventila en las siguientes páginas, ha ocupado durante cerca de medio siglo la atencion de nuestros hombres de estado, siendo en varias ocasiones gravemente considerada por el Gobierno.   Pospuesta mas de una vez, ha sido promovida de nuevo, y continuará promoviéndose, hasta que las masas del pueblo palpen la sabiduría y necesidad de resolverla.   Gracias á los últimos acontecimientos, que tan urgentemente la han resucitado, parece que hoy se reconoce toda su importancia.

Desde la conclusion de nuestra última guerra, basta la hora presente, varios hombres pensadores han tratado de buscar

---

(*) Dirijiéndose el documento de que éste es traduccion al pueblo de los Estados-Unidos, solo se mencionan en él incidentalmente algunas de las ventajas que resultarán en favor de los Estados Hispano-americanos, en el concepto de ser el pueblo de éstos el mas competente para juzgar sobre sus propios intereses, no requiriéndose por tal razon instrucciones sobre este punto. Los gobiernos de dichas Naciones podrán tal vez considerar conveniente, tomar la iniciativa en la materia, admitiendo luego en la combinacion á los Estados-Unidos, prévia invitacion.

el mejor remedio para el conocido mal de la Intervencion Europea en América, y el pueblo parece estar determinado á hacerla cesar. Las otras masas americanas que componen los Estados Hispano-americanos, bajo la presion de un interés y ansiedad todavía mas inmediatos, preguntan tambien "¿ Cómo conseguirémos librarnos de la Intervencion Europea ?"

Ahora pues, para evitar agravios y peligros, y con el comun propósito de completar la obra de la Independencia de América, la hermandad de las naciones de este continente se propone arreglar la cuestion bajo principios de ventajas recíprocas á las Potencias Americanas.

Créese confiadamente que el sistema cooperativo de relaciones internacionales entre los Estados Independientes de América, si se adopta y se lleva á cabo con eficacia, vendrá á ser la solucion de la dificultad, abrazando los siguientes beneficiosos resultados :

Primero : La seguridad de las potencias independientes de este continente, contra las intrigas é intervenciones europeas, y la de las colonias establecidas aquí contra todo cambio de dominio, que no sea la traslacion de poder á otra potencia americana, ó que se dirija á la consumacion de su propia independencia.

Segundo : Un gobierno estable en cada una de las naciones Hispano-americanas interesadas en este convenio, para cultivar y mantener entre sí, y con todas las demás potencias, relaciones pacíficas.

Tercero : El desarrollo espedito de los vastos recursos de los estados Hispano-americanos y la espansion de su inmenso comercio exterior, que se aumentará de esa manera con los puertos de los Estados-Unidos; y como uno de los frutos de tan benéfico resultado, el pago en pocos años de nuestra deuda nacional.

Todo esto en provecho de la paz, que producirá inmediatamente un beneficio inmenso para el pueblo de los paises mas directamente interesados, é incidentalmente oportuno tambien á la prosperidad del género humano en el mundo entero.

Los hechos aducidos en apoyo de la combinacion del presente plan, se desprenden de las fuentes mas depuradas, y los datos sobre que se fundan los cálculos mercantiles pueden ser compulsados con los mas completos extractos estadísticos compilados en el gobierno de los Estados-Unidos; ó por los BALANCES GENERALES de la autoridad universal.

Los estados Hispano-americanos ocupan la parte mas rica de este continente; y sin embargo, su exhuberancia natural yace oculta en su mayor parte, abrumada por las constantes revoluciones iniciadas en la guerra de su independencia, y prolongadas con cortísimos intérvalos de paz, hasta la época presente. Desgraciadamente, el legado que les dejó el despotismo derrocado por sus armas, era muy diverso de aquella disposicion con que nosotros entramos á ocupar un puesto entre las naciones.

Nosotros habíamos recibido por tradicion, y practicado en nuestra legislacion local, principios desconocidos en su sistema colonial. Teníamos derechos determinados, y prestábamos obediencia á leyes emanadas de nosotros mismos, ó que obligaban tanto á la madre patria como á las colonias. Ellos disfrutaban, cuando mas, privilegios otorgados y abolidos al capricho de la corona ó de vireyes desmoralizados, creando monopolios al arbitrio de una corta minoría que pesaba sobre las masas del pueblo, cuya obediencia se tornaba en una incuestionable sumision á la autoridad arbitraria.

De ahí la precision en que ellos se vieron de aprender por experiencia propia el ejercicio de su autonomía y la práctica de hombres de estado, que ya nosotros poseíamos como nuestros derechos patrios. Además, ellos se han encontrado siempre envueltos por una especie de camarilla que ha seguido practicando las máximas de los antiguos monopolistas y favoritos de la corte, escitando privadamente el descontento, y dispuestos siempre á traicionarlos por interes, como ha sucedido recientemente en la cuestion de Méjico.

Con la carencia de seguridad para las personas y las propiedades, no solamente se han frustrado para ellos los beneficios que eran de esperarse de la inmigracion y el aumento natural de poblacion que ha sido tan favorable para nosotros, sino que el trabajo y capital que poseian han carecido, el uno de aliciente, y el otro de la exclusion de riesgo, indispensable para su mas productivà aplicacion. Y con todo, su poblacion casi ha duplicado, desde que conquistaron su independencia.

Los pueblos de esas regiones, aleccionados por la experiencia, y no ménos prolijos observadores del progreso de los Estados-Unidos, han adquirido el conocimiento de que el fundamento de la prosperidad nacional debe basarse en un gobierno estable, cambiando sus funcionarios solamente á voluntad del pueblo conforme á las leyes orgánicas. Convencidos de que es tiempo ya de colocarse en una posicion que pueda resguardarlos al propio tiempo de las contiendas intestinas y de las agresiones exteriores, habilitándose de tal suerte para atraer una inmigracion capaz de poblar y esplotar rápidamente aquellas vastas regiones de incalculable riqueza ; confiados en su capacidad, con la necesaria influencia moral, para mantener los gobiernos que establecieron, y conquistar con ellos una elevada y próspera posicion, acuden á los Estados-Unidos, que por medio de un reconocimiento oportuno les ayudaron á consolidar su independencia, en demanda de la cooperacion moral que hoy se requiere, á fin de afianzarla para su posteridad. Esos pueblos invocan á la potencia amiga, que despues de haber reconocido su existencia nacional, les salvó una vez de la reconquista, para que les aleje del peligro de idéntico carácter que hoy les amenaza. Ellos son nuestros vecinos, miembros de la familia de las naciones americanas, y como tales cuentan con nuestra simpatía y son dignos de nuestros buenos servicios.

Las revoluciones que los libertaron de la servidumbre fueron inspiradas por nuestros victoriosos esfuerzos, y los gobiernos que ellos se dieron y que intentan vigorizar aun mas, fueron muchos de ellos trazados á semejanza del nuestro. El tenderles ahora la mano amistosa que necesitan, seria honrar y poner en obra el propósito de nuestros padres, cuya tácita promesa de continuada amistad debemos de este modo redimir, desempeñando al mismo tiempo la obligacion anexa á la posicion que ocupamos como la principal nacion de este continente. Esto parecería, en consecuencia, un deber de nuestra parte si hacerse puede sin menoscabo nuestro; pues realmente viene á redundar en provecho de nuestro propio interés.

Hay además una consideracion política de trascendental importancia, que ha sido de tiempo en tiempo materia de grande deliberacion, y que concierne á nuestro gobierno, la cual demanda la mas séria atencion del pueblo. Hace largo tiempo que las potencias del Oeste de Europa, abrigan el proyecto de dividir y debilitar á los Estados-Unidos, cuyo grande y creciente poder les trae preocupados con profundos celos y no escasa alarma. Aquellos de los nuestros que hubiesen puesto en duda este aserto, han debido convencerse ya por la conducta de algunos de esos poderes, durante nuestra última guerra civil. En los últimos cuatro años hemos visto la tentativa de una intervencion armada, para trastornar la autoridad y predominar en los asuntos interiores de una república vecina, levantando sobre sus ruinas un llamado imperio, calcado sobre las instituciones europeas, y al servicio

de miras tambien europeas. Túvose por objeto, primero el
ayudar aquí á la rebelion, para llevar á efecto la division de
los Estados-Unidos, y segundo el asegurar á la Francia cierto
territorio en este continente, que pudiera darle un interés é
influencia en sus negocios, igual al de Inglaterra y al de España. Para vigorizar la alianza con ulteriores miras, se ini-
ció al Austria y á la Bélgica, en la persona y familia del llamado Emperador de Méjico.

El plan concertado y en via de ejecucion, si nuestro gobierno lo tolera, es : obtenida la conquista de Méjico y la
consolidacion del nuevo imperio, tomar posesion de todos los
demás estados Hispano-americanos, uno por uno, y mediante
varios pretestos y simulacros presentados como otras tantas
emanaciones del asentimiento popular, distribuirlos entre las
diversas partes de esa empresa europea, cuya mira es nada
ménos que apoderarse y ejercer el poder gubernativo, y la influencia tanto política como mercantil de toda la América.

En la conducta observada por España desde su separacion
de la espedicion de Méjico, no hay cosa mas significativa con
respecto á la continuacion de la alianza, como el haber esa
potencia declarado la guerra á otros de aquellos Estados, an-
tiguas colonias suyas, por pretestos de quejas mucho mas tri-
viales que los que existian entre ella y Méjico. El motivo
de la retirada de las fuerzas españolas de Méjico, parece
haber sido la opinion de que no era conveniente que prestasen sus servicios por aquella parte, sino en otra direccion, en
ayuda del plan general.

Tal es hoy la condicion de los negocios, que los Estados-
Unidos se ven precisados á sostener el gobierno constitucional de Méjico, como la llave del arco en que estriba la independencia Hispano-americana, ó consentir que se establezca
en nuestra frontera una monarquía, contra la voluntad y á
despecho de la protesta armada del pueblo mejicano. El

aceptar la última parte de la disyuntiva, seria una abdicacion, un abandono, de la política que hemos sostenido desde nuestro oríjen, y de la cual hasta ahora jamás nos habíamos desviado, en nuestras relaciones con otras potencias, reconociendo todos los gobiernos emanados del pueblo, investigando tan solo cuáles fueron los hechos que concurrieron para su formacion. Ese denominado imperio que ha recibido su primitivo impulso, su organizacion y su ayuda del exterior, no puede, con justicia, jactarse de haber adquirido el beneplácito del pueblo que se abroga para gobernar. El reconocerle seria negar el " Sistema Americano," el de nuestro propio orígen, y trasplantar á las Naciones de América la teoría y la práctica de los Monarcas europeos.

Pero cualquiera ingerencia directa de parte de los Estados-Unidos, podria ocasionar inevitablemente una guerra con una ó varias de las potencias del continente europeo, instigadas secretamente por la Gran Bretaña, por razones del tráfico mercantil ú otros privilegios de interés neutral, acaso por ofertas relativas á Cuba, ó condiciones sobre devolucion de Gibraltar á España.

La respuesta de M. Drouyn de Lhuys á nuestro ministro con relacion al tratamiento de los prisioneros de guerra en Méjico, léjos de demostrar que el propósito del Emperador de los franceses sea el retiro de sus fuerzas ántes de que las hayan relevado otras estranjeras, es una prueba evidente de que tiene aliados empeñados en su ayuda, así como él está comprometido en sostener al Archiduque austriaco. Cuando las naciones se proponen observar una conducta conciliatoria, son generalmente corteses : pero no sucede así en ocasiones como la presente, en que se muestran un tanto inciviles, como para provocar una accion rápida, que les sirva de pretesto plausible para llevar á cabo la ejecucion de un designio encubierto. Semejante respuesta no podría haber sido dada, si el éxito de la tentativa concebida por Napoleon, dependiese solamente de la habilidad de Maximiliano de llevarla á cabo con nuestro consentimiento.

La actitud que se ha arrogado recientemente Lord Clarendon, y su destemplada resolucion en las cuestiones pendientes entre Inglaterra y nuestro gobierno, comparadas con la disposicion á un arreglo equitativo de que dió muestras su predecesor, propenden á demostrar que Inglaterra es, por lo ménos confidente, dado que no sea copartícipe, en esa presunta inteligencia.

El discurso del Emperador de los franceses en la apertura de las cámaras, no dá seguridades de la evacuacion de Méjico por las fuerzas francesas. Aun cuando las diese y fijase la época, no se deduciría de ahí que se hubiese respetado el deseo del pueblo de los Estados-Unidos de que se ocurra en la cuestion pendiente á la espontánea decision del pueblo mejicano. Napoleon y su *protejido* no "fijarán la época para el llamamiento" de las fuerzas francesas, hasta que Austria y Bélgica hayan enviado sus contingentes. Estos parece que no irán en batallones armados, pero serán no obstante estranjeros reclutados en pró de los intereses de las potencias coaligadas de Europa, y destinados á ejecutar el propósito de continuar sojuzgando la voluntad del pueblo de Méjico, y sosteniendo una causa enemiga de los Estados-Unidos.

Interpretada la promesa de abandonar á Méjico con la luz que arroja la audaz asercion de que el llamado Imperio está fundado en el voto popular, podria considerarse ni mas ni ménos, que como el proyecto de abandonar á Roma tantas veces declarado en los últimos seis años, sin haberse aun puesto en ejecucion.

La mira principal de la promesa es el protejer lo que se ha llamado "Intereses franceses," y su objeto secundario el de retirar esas fuerzas cuando ya no sean necesarias para consumar la obra en que se hallan actualmente comprometidas.

"Estoy arreglándome—dice Napoleon—con el Emperador Maximiliano para fijar la época del llamamiento de nuestras tropas, *de tal suerte que* su regreso se efectúe sin dejar comprometidos los interes franceses que fuimos á defender en aquel lejano suelo."

Léjos de remover "la causa de la inquietud" que ha ocasionado á nuestro pueblo semejante usurpacion de dominio, segun su propia confesion, el discurso del Emperador es tan poco satisfactorio como el lenguaje de su secretario de negocios exteriores con el Sr. Bigelow. Ambos son ambíguos, evasivos, y corroboran el testimonio directo de los órganos y agentes de Maximiliano, aquí como en Europa, acerca de la existencia de una liga combinada para sostenerlo. Aunque los reclutamientos enviados para relevar las fuerzas que hoy sostienen el nuevo trono no se organicen inmediatamente, y sus beneficiados queden así ostensiblemente abandonados por todos sus aliados, tal proceder sería solamente un ardid, con el fin de abrir un camino á la introduccion de algun auxilio de los Estados-Unidos en ayuda del gobierno constitucional de Méjico, lo cual proporcionaria la deseada ocasion para un movimiento de las potencias combinadas de Europa.

Ciertamente que si la copia de la convencion concluida en Miramar y que ha sido publicada, es auténtica, Napoleon se obliga en ella á sostener en Méjico las tropas francesas hasta que sean relevadas, y á mantener por espacio de seis años subsecuentes á la retirada de aquellas la llamada "Legion Estranjera al servicio de Francia" compuesta de 8,000 hombres. Aun mas: en dicho tratado se estipuló que en todos los puntos en donde las fuerzas no fuesen esclusivamente mejicanas, deben ser mandadas por un gefe francés.

Ahora bien; como nosotros abundamos en deseos de conservar relaciones amistosas con las Naciones Europeas, preséntase la cuestion de ¿cuál deba ser la conducta de los Estados-Unidos con respecto á Méjico y á los demás Estados americanos independientes, con la mira no solamente de estimularlos á que sostengan los gobiernos que tenemos reconocidos, sino tambien para evitar la guerra con las Naciones Europeas ?

Desde luego hay que admitir que tan deseada resolucion habrá de obtenerse con el beneplácito de los Estados Hispano-americanos, mediante un arreglo en estricta conformidad con nuestro sistema general de política esterior, y sin violar uno solo de los principios del Derecho Internacional, que deben dirijirse principalmente á nuestra propia seguridad y engrandecimiento.

El pensamiento en cuestion, no es nuevo en el uso de las naciones, ni se proclama como tal en los principios políticos, y sí como un sistema práctico de hacer eficientes, sin apelar á la guerra, los sábios principios de la política americana, inspirados por la mirada profética de algunos de los antepasados de esta República y proclamados por uno de nuestros Presidentes con la aprobacion del Autor de nuestra declaracion de independencia, como la posicion adoptada entónces, y que debia sostener este país en lo sucesivo, con respecto á las relaciones europeas en los negocios interiores de los Estados independientes, y las proyectadas trasformaciones de las posesiones coloniales de este continente. El instinto popular, que es el instinto de la propia conservacion, vigoriza hoy esa política de nuestro gobierno con notabilísima energía y unanimidad, y nuestro pueblo únicamente se encuentra indeciso en los medios de hacer triunfar esta política sin complicar ni embrollar el país con ninguna potencia Europea.

Una gran parte de los Estados Hispano-americanos proponen, prévia la aprobacion de su proyecto por parte de nuestro gobierno, formar entre sí una alianza de mútua proteccion, tanto contra las revoluciones intestinas, como contra la agresion europea, estipulando que en lo sucesivo, cualquiera disension ó desavenencia entre dos ó mas de las partes contratantes, deberá someterse á la resolucion de un arbitrage, nombrado dentro del círculo de los Estados Americanos.

Miéntras tanto, y bajo la base de la invitacion unánime de una mayoría de los Estados Hispano-americanos presentada á nuestro gobierno por sus representantes, debe reunirse una convencion bajo otro distinto carácter, no concerniente á mediaciones domésticas, sino con el objeto de apoyar nuestra política continental, por medio de la cual se obliguen los Estados-Unidos á no reconocer gobierno alguno en este continente, cuya constitucion tenga alguna ingerencia europea, y que todas las potencias americanas, comprendidas en dicha convencion, se presten á hacer causa comun contra cualquier potencia ó combinacion de potencias, cuya capital de gobierno no se encuentre comprendida en los límites territoriales de la América, que actualmente trabajan por destruir ó sojuzgar á cualquier gobierno independiente de América, que se establezca ahora ó en lo sucesivo. Todos los miembros de esta convencion, resistirán todo cambio en el dominio nacional de cualquiera de las colonias europeas en América, á ménos que fuese por cesion á alguna potencia americana, ó que los pueblos de dichas colonias consiguiesen hacerse estados independientes. Los estados Hispano-americanos, miembros de esta convencion, estipularán además, que los Estados-Unidos tendrán sobre todas las naciones no domiciliadas en América, cuantas ventajas en el comercio y el tráfico sean compatibles con los tratados existentes.

Esto nos obligaria solamente á sostener la posicion que ya hemos tomado de accion propia.

Es evidente que un arreglo semejante haria impracticable una revolucion en cualquiera de los Estados Hispano-ame-

ricanos de tal suerte unidos, porque ningun gefe ambicioso
podría aventurarse en la tentativa de trastornar el gobierno
legítimo, si éste contase con el apoyo de uno ó mas de los estados aliados. De ahí el que por medio de la influencia moral, sin la cooperacion de la fuerza física, esos paises podrian
bien pronto constituirse en estado de paz, y llegar á un alto
grado de prosperidad, ofreciendo alicientes á la inmigracion, y
adoptando un sistema liberal de comercio semejante por ejemplo, al que recientemente ha adoptado el Brasil, tan ventajoso para sus intereses y en el cual desea la cooperacion de nuestro gobierno para su mejora y estension en este país. Los
climas tan productivos y variados, y los inmensos recursos
naturales de los Estados Hispano-americanos, atraerian considerablemente el trabajo, el capital, y las empresas de todas
partes, que producirían un desarrollo rápido de dichos recursos, capaz de reportar en tiempo no remoto, una imponde-
rable prosperidad y un inmenso comercio exterior, de cuya
mayor parte podrian apoderarse los Estados-Unidos, por
medio de un razonable estímulo de nuestro gobierno y ade-
cuadas franquicias para las comunicaciones.

El aumento probable de nuestro comercio y de la hacienda
pública por este medio, dejarian atrás toda clase de cálculos ;
y el efecto político del plan propuesto, una vez ajustado y
promulgado, no seria de ménos importancia ni ménos grato.

La alianza formada ya ó en via de arreglo entre los Poten-
tados del Oeste de Europa, se paralizaría entónces, porque
toda la Europa combinada, no se atrevería á suscitar un conflicto con este pais, asegurado de semejante manera.

Por lo tanto, la medida indicada aquí, parece recomendarse
por sí misma como eminentemente adaptada al objeto
de evitar una guerra estranjera, y como un correctivo eficaz
contra las intrigas de Europa y su intrusion en los asuntos
políticos de América, que, de otra manera, continuaria per-

turbando la paz, y poniendo en peligro la estabilidad de todos los gobiernos independientes de este continente, á ménos que se la reprimiese y arrojase por el arbitrio de las armas.

Nuestros riesgos de complicaciones y choques con Europa, se han aumentado y multiplicado constantemente como una consecuencia de la comunicacion por vapor, que nos ha impelido á estrechar con Europa relaciones mas íntimas de las que en otro tiempo existian, entre naciones separadas únicamente por cordilleras de montañas ó caudalosos rios. Y con todo, los intereses políticos de Europa y América son todavía tan diversos é irreconciliables, como irregulares y poco frecuentes eran las comunicaciones entre ambos continentes; al paso que las potencias Europeas, no solamente están unidas por simpatías políticas é intereses comunes, sino tan enlazadas por los ferro-carriles y telégrafos, que con la rapidez del rayo pueden ponerse en estado de concertar sus planes y concentrar rápidamente sus fuerzas, una vez determinada su combinacion.

Así pues, nos conviene presentar con discretas precauciones un plan de poder, suficiente para hacer la tentativa de ponerlo á prueba, y demasiado peligroso para prudentes soberanos ensayarlo. Debemos por lo tanto restaurar y mantener inalterable el estado de paz de este hemisferio, y captarnos la gratitud del género humano tratando de aniquilar ese esfuerzo para introducir aquí un nuevo elemento de discordia, creando una guerra de razas en paises designados por la Providencia para la reconciliacion y comun posesion de todas las razas. A ménos que los consejos y designios de ruines intereses prevalezcan sobre la doctrina de que los derechos del pueblo deben ser preferidos á los privilegios, de cualquier clase que sean, que pretendan gobernar sin autorizacion de los gobernados, la América será la tranquila mansion de todas las razas, de todas las creencias, y de todas las lenguas

que ejerzan con honrada emulacion pero sin disensiones
respecto á diferencia de orígen, religion ó forma de gobierno,
las bellas artes, ó tráfico de un elevado estado de civilizacion.
Teniendo en cuenta las pingües utilidades que ·de ello ema-
narian, asi como los peligros comunes á que estamos espues-
tos nosotros, parece que una juiciosa prevision debiera indu-
cir á todos los Estados Independientes de América, á colocarse en estado de vigorizar su posicion y preparar el camino de
su futura prosperidad, no solo por medio de una actitud ade-
cuada para una emergencia temporal, sino tambien enlazando en union mas íntima los lugares mas apartados de todos los paises interesados, por medio de· comunicaciones regularizadas y frecuentes con vapores correos oceánicos, y una
red de líneas férreas y líneas telegráficas, que asegurasen á la
vez la rápida trasmision de la inteligencia, y un ventajoso
tráfico de mútuas comodidades.

Los resultados naturales de la adopcion de los acuerdos
propuestos, serian mas ventajosos para nuestro pueblo, de lo
que aparentemente creen aquellos que no han apreciado cui-
dadosamente el aumento probable de nuestros intereses comerciales y manufactureros, estimulados y mantenidos por los
diversos recursos de un extenso territorio de fertilidad inmensa, é inagotable riqueza mineral, en donde nuestro presente
tráfico no es nada en comparacion del aumento de que es
capaz. Esto libertaria á nuestro país bien pronto del peso
de las contribuciones y de los crecidos precios tan sensibles
hoy ; pues el gobierno se habilitaria para descargarse en pocos
años de la deuda nacional, dejando el país tranquilo y flore-
ciente con las inmensas riquezas de toda la América tropical,
que entrarian por nuestros puertos á enriquecer el tesoro público. Si bien nuestro pueblo está formalmente dispuesto á
mantener la dignidad y el honor del país, existe sin embargo
un temor casi universal de un trastorno político y financiero,

alentado por el aumento de las contribuciones, y que podria adquirir nuevo incremento con el asunto de la Intervencion Europea. Tal aprehension desapareceria, dejando en su lugar una firme confianza en lo futuro, al solo anuncio de la adopcion de ésta medida. Existe ya en la actualidad cierta manifestacion de descontento con la carga que nos ha legado nuestra guerra civil, no solo por su peso sobre la presente generacion, sino tambien por el temor de su continuacion y trasmision á nuestra posteridad. Como quiera que sea, que sepan las masas del pueblo, que el gobierno cuenta con un plan de realizable ejecucion, por cuyo medio, con un aumento en nuestro comercio esterior y una renta de aquel orígen solamente, la deuda nacional puede estinguirse en ménos de veinte años, y el efecto seria mágico. Nuestra poblacion entera podria tomar ánimo y esperanza, y fortalecerse con nueva vida y energía.

Vamos, pues, á demostrar, por medio de cálculos breves, pero fundados en datos oficiales, el aumento probable, casi cierto, de nuestro comercio exterior, que el arreglo propuesto está llamado á producir, siempre que se le lleve á cabo bajo su verdadero aspecto comercial y político.

Los Estados Hispano-americanos tienen una poblacion de 35,000,000, una sexta parte mas que la nuestra, y una superficie territorial de 7,500,000 millas cuadradas ; dos tantos y una mitad mas de la de los Estados-Unidos. El valor anual de sus importaciones es de $240,000,000 ; el de sus exportaciones $263,000,000. El total de su comercio exterior $503,000,000, es decir, un valor absoluto de solo un 17 por ciento ménos que el nuestro y solamente un 20 por ciento ménos por cada habitante.

La parte de esos quinientos millones de comercio de que hoy participan los Estados-Unidos, es solamente de 114,000,000; sin embargo, casi cada uno de los artículos que producimos

ó manufacturamos, entra en el consumo cotidiano y en el uso
de aquellos pueblos, y nosotros consumimos ó podemos manu-
facturar y volver á exportar para su uso, casi todas las mer-
cancías que ellos esportan (*Butterfield*, " *United States &
Mexico*," pp. 33 á la 39 inclusives.)

En 1856 la Gran Bretaña tenia cerca de 83,000,000 mas
de este comercio que nosotros, proporcion que es hoy
mucho mayor.   El valor de las importaciones en Chile
en 1864, segun demuestran las estadísticas oficiales, fué de
$ 18,867,363. De ellos exportó Inglaterra 43 por ciento, Fran-
cia 20 por ciento; los Estados-Unidos solamente un 5 por
ciento. Casi $ 5,000,000 de esas importaciones eran de pro-
ductos y manufacturas en que aventajamos á todo el mundo,
y con todo, nosotros no enviamos sino un 10 por ciento de
ellas.   En el comercio de la costa del Sur del Pacífico, en que
parece que debiéramos tener una gran parte, solamente dis-
frutamos de una muy corta por buques de vela. Los ingle-
ses tienen hoy en el Sur del Pacífico 25 vapores : los Estados-Unidos ni uno solo.

La posibilidad de que los Estados Hispano-americanos sostengan un comercio esterior mas extenso, se demuestra por
los resultados que han obtenido ya algunos de ellos, pues en
recursos naturales, son todos casi iguales.   El comercio
esterior de Cuba es 300 por ciento mayor que el nuestro, en
proporcion á la poblacion : el de Chile 30 por ciento; el del
Brasil casi igual al nuestro, en las mismas proporciones (*U. S.
& Mexico*, p. 36.)   El hábil y benéfico gobierno del Brasil,
por la estension y liberalidad de su sistema comercial é in-
dustrial y el fomento de todos los ramos de su comercio interior y de industria que ha introducido y está trabajando
para perfeccionar por medio del estímulo á la emigracion, así
como el principio de una considerable marina mercante de
vapor, producirá bien pronto en aquel país un comercio este-

rior considerablemente aumentado, y mucha mayor prosperidad. Esto es evidente por el estímulo otorgado ya á las empresas particulares, el constante aumento de poblacion y creciente comercio, reconocido como el resultado directo del paternal cuidado del gobierno, apoyado, por supuesto, con la aplicacion de medios individuales, y en la energía de un pueblo ilustrado y emprendedor.

La falta de tranquilidad y la carencia de medios de comunicacion es lo único que impide á cualquiera de esos paises el igualar, en proporcion al número de sus habitantes, el comercio actual de Cuba, que de ninguna manera ha llegado á alcanzar su máximun. Con facilidades convenientes para las comunicaciones, no hay razon alguna para que su comercio con los Estados-Unidos no aumentase, en el término de diez años, á $ 1,000,000,000 por año.

El rendimiento anual de las minas de plata de Méjico pudiera con poco esfuerzo esceder en valor á la produccion aurífera de California, si se asegurase su direccion, y si los Estados-Unidos gozasen de sus beneficios. Nuestro comercio con Méjico solamente, acrecentado en proporcion á la poblacion en que está hoy con Cuba, seria de $ 237,000,000 anuales ; mientras que todo nuestro tráfico con esta última en 1858 fué de $41,648,037.—El valor anual de su exportacion para los Estados-Unidos fué de $ 27,214,846, siendo su poblacion cosa de 1,500,000 (*United States & Mexico*, pp. 32 á la 40 inclusives.)

El valor por año de nuestro comercio con toda la América española, aumentado en la misma razon, seria como de unos $ 968,000,000. Deduciendo de esa suma las exportaciones de Cuba para este país como base de cálculo, el valor anual de sus exportaciones para los Estados-Unidos seria de $ 569.300,000. Pudiera no obstante objetarse á estos datos, el que nuestro comercio con Cuba es escepcional, por esceder, con mucho, sus exportaciones para nosotros, á las nuestras para ellos. Pero cualquiera disparidad ostensible en la apreciacion, no es exacta, por la razon de que este pais consume una cantidad considerable de los artículos que forman la mayor parte de nuestras importaciones de Cuba, y como nosotros jamás podemos llenar esos pedidos con nuestros productos interiores, porque no se adapta nuestro clima ni nuestro suelo al cultivo de la parte principal y mas valiosa de los suyos, el incremento de nuestra poblacion y nuestra riqueza, aumentaria de tal modo el consumo de aquellos productos esportados ya en tan grande escala por algunos de los Estados Hispano-americanos, que aunque no conservase la misma proporcion, entre las exportaciones y las importaciones obtenidas hoy en nuestro tráfico con Cuba, cuya desigualdad no es de desear seguramente, la razon de su poblacion con el valor de las exportaciones para aquí de todos los Estados Hispano-americanos, seria igual si no es que escederia en mucho á la que existe entre la de las exportaciones de Cuba para nuestro suelo, con referencia á su poblacion : con esta ventaja decisiva para nosotros, debida al arreglo indicado aquí, de que en lugar de nivelar el equilibrio del comercio, como en Cuba, mediante el pago en efectivo, nosotros lo cubriríamos recibiendo metálico, debido á la considerable demanda que habrian de hacer aquellos paises de nuestras fábricas y de maquinaria, etc., etc. Cuba por necesidad es el punto de partida para nuestro cálculo, porque es el único de los paises Hispano-americanos cuya tranquilidad interior ha permanecido por bastante tiempo imperturbable, y con el cual hemos tenido por un tiempo suficiente comunicaciones regularizadas de vapores-correos.

Volvamos al mismo asunto. Las entradas de las aduanas sobre $569,300,000, que es el cálculo del valor anual de nuestras importaciones de todos los Estados Hispano-americanos, despues que se estableciese el tráfico meditado en este plan, con arreglo al tipo de los impuestos del año fiscal que terminó el 30 de Junio de 1863, es decir, el 31½ por ciento, ascenderian á $157,621,600. Este tanto por ciento se obtiene de la comparacion del valor de las importaciones $262,287,587 ménos los efectos exentos de derechos $44,726,029=$217,461,556, con la suma de $69,059,642, á que alcanzaren las entradas de aduanas en dicho año. (*Executive document,* N° 3.–38th Congress.) El término medio de los derechos segun la tarifa reformada que actualmente rige, parece ser por lo ménos 50 por ciento. Pero supóngase que sea solamente 40 por ciento ; este tráfico nos produciria en las aduanas $227,720,000 por año, sin ningun aumento de poblacion, y ascenderian en catorce años á $3,188,080,000, cerca de 200,000,000 mas que la deuda nacional, con arreglo al cómputo á la conclusion del corriente año fiscal ; y concediendo que se necesitasen dos años, ó acaso ménos, para plantear el sistema en estado de funcionar, podria amortizarse la deuda en 16 años, sin tomar en cuenta el producto de cada contribucion anual, en pago del vencimiento de bonos. El pueblo no quedaria poco beneficiado con la disminucion del interés de la renta, porque esto haria realizable una reduccion rápida y gradual de la contribucion directa, y las rentas cubririan el interés de la deuda. Los derechos sobre las importaciones de otros paises, costearian los gastos ordinarios de nuestro gobierno, de tal suerte que los derechos sobre las importaciones de los Estados Hispanos-americanos se dedicasen esclusivamente al pago de la deuda. Pero supongamos que $25,000,000 de los ingresos del tesoro de aquella procedencia, tuviesen que aplicarse al pago de los gastos de cada año corriente : en diez y seis años ascenderian á $400,000,000 que implicarian la estension del término á diez y siete años ; la suma del exceso, mas de $3,000,000,000, agregada al producto anual, seria cerca de $ 425,000,000. Seguramente que se requerirían uno ó dos meses mas de los diez y siete años para completar el pago de nuestra deuda nacional, segun el cálculo del efecto de las crecientes facilidades para el comercio, y de la tranquilidad interior; y en lugar de exceder el cálculo, se cree que está perfectamente arreglado á las razonables promesas y legítimos resultados del arreglo.

Calculemos ahora nuestro probable aumento de comercio y los ingresos que de él emanen, con arreglo á los actuales resultados producidos por los medios perfeccionados del tráfico y el comercio, y tomemos otra vez á Cuba como ejemplo, por las razones anteriormente aducidas. En 1850 comenzaron á tocar en la Habana los vapores de los Estados-Unidos. Nuestro comercio total con Cuba en aquel año, fué de $ 15,282,625. Durante el año que terminó el 30 de Junio de 1858, hasta cuyo período habia ido aumentando gradualmente, pero con rapidez en los años precedentes, fué de $ 41,648,037, ó sea un aumento anual en ocho años de mas de $ 26,000,000 [*United States & Mexico*, pag. 50 y 51] Aplicando este grado de aumento, como ántes, á todos los Estados Hispano-americanos, tenemos en ocho años un aumento anual en el comercio de mas de $ 606,000,000 y un valor anual de importaciones en los Estados-Unidos de $ 635,800,000 (calculados por las importaciones de Cuba en nuestros puertos.) Esto al tipo de 40 por ciento de derechos de importacion, pagaria al tesoro por lo ménos $ 254,332,000 por año, ó sea un total en ocho años de 2,034,656,000. Las entradas en los ocho primeros años, conforme al tipo de aumento en el caso de Cuba, seria por lo ménos $ 1,000,000,000 ó sea un total de $ 3,034,656,000 en diez y seis años, suficiente para pagar nuestra deuda nacional y dejar un corto sobrante.

Pero el cálculo es mucho menor de lo que seria el verdadero resultado. El aumento de poblacion, por el incremento natural y por la emigracion, unido al impulso que recibirian por lo mismo todos los ramos de industria, aumentarian de tal manera el comercio esterior de esos paises, que podríamos con toda seguridad fundar nuestros cálculos en una renta de $4,000,000,000, por lo ménos, proveniente del plan propuesto, y de las empresas y franquicias comerciales, que pudieran introducir los comerciantes americanos, bajo la proteccion de los diversos gobiernos.

Si la propuesta convencion se efectuase, podria considerarse conveniente el establecer en Washington, bajo los auspicios de las Potencias contratantes, una Oficina encargada de reunir y conservar datos exactos de todos los paises comprendidos en el arreglo, informando sobre ello á los respectivos gobiernos, cuando éstos lo requiriesen, haciéndolo tambien anualmente de un modo detallado que muestre el progreso en industria, poblacion, comercio y riqueza de cada país, debidos á este arreglo, y recomendando en el sistema de sus operaciones propias, aquellas reformas que la experiencia dictare.

Los archivos de esa Oficina constituirian un depósito valioso, al cual ocurriran los hombres de negocios de todo el continente, á consultar la manera de satisfacer sus necesidades y guiar su accion en las relaciones del tráfico internacional. Provisto el comerciante de datos estadísticos ciertos acerca de la oferta y la demanda en los diversos mercados americanos, no temeria perder arreglando un cargamento y escogiendo el lugar de su destino; mientras que los compradores se hallarian en aptitud de decidir donde debian proveerse, con mejores condiciones, de los artículos que necesitasen. Los capitalistas deseosos de emprender en minas, manufacturas ú otros negocios, obtendrian por este medio los datos indispensables para determinar juiciosamente la línea de sus operaciones, á la par que se abriria un campo de labor propio y remunerativo á los inventores, ingenieros y otros hombres de habilidad é industriosos.

Se cree que un medio tal de informacion supliria un defecto que por largo tiempo y sériamente se ha sentido en el círculo comercial, viniendo á ser una inestimable ayuda y un estímulo al beneficioso tráfico entre los puertos de los diferentes paises.

Gozando los agentes de dichas oficinas de las facilidades para investigacion que se les proporcionarian por los diferentes gobiernos, bajo cuya autoridad y patrocinio proseguirian sus averiguaciones, la institucion vendría á ser incomparablemente superior á cualquier otro sistema privado que pudiera idearse. Libre de propension á intereses personales, podria recurrirse á sus informes con absoluta confianza en su resultado.

Para coronar este plan con buen éxito parece ser necesaria la cooperacion de todas las naciones interesadas en la propagacion del tráfico comercial. Los beneficios que de esto recibirian los Estados-Unidos serían indudablemente proporcionados á su relativa importancia comercial.

El mérito peculiar de esta medida está en que, á un mismo tiempo es conservadora y progresista, colocándose como un medio entre ambos estremos. Aceptada como una medida pacífica, vindicará al mismo tiempo nuestro honor y nuestra dignidad nacional, redundando en extraordinaria ventaja política y pecuniaria, para todos los pueblos americanos interesados en ella.

Esta parece ser la época favorable para su adopcion, puesto que recibiria la aceptacion de una grande mayoría de nuestro pueblo, contaria con un inmenso apoyo de las potencias independientes del continente americano, y constituiria un establecimiento irrevocable de la "Doctrina de Monroe" como el derecho internacional para el continente del Oeste. Sabido es que hace precisamente cuarenta años se combinó un plan semejante con la aprobacion de algunos de nuestros mas hábiles estadistas, que entónces y despues han gozado en un grado eminente la confianza del pueblo. Pero la madurez del tiempo no habia llegado aun: la proposicion tuvo que tropezar con la hostilidad de los intereses de nuestros propietarios de esclavos en el Sur, en la plenitud de su poder entónces, y extremamente sensibles á la proximidad de cualquiera influencia que pudiese afectar su sistema social. Las causas de su oposicion, aparte sus objeciones técnicas, eran principalmente las de que, todavía no era llegada la ocasion de solicitar una combinacion americana, para contrarestar una coalicion Europea; y que muchos de los Estados Hispanoamericanos habian prohibido la esclavitud por una cláusula constitucional, admitiendo como ciudadanos á los descendientes de la raza africana. Sin embargo, á despecho de la magnitud de los intereses que se creia arriesgar, y de la grande influencia política ejercida para conservarla en oposicion á la medida, era tal la popular simpatía con las miras de la administracion que rejia entónces, el Sr. J. Q. Adams, como Presidente, y el Sr. Clay, como Secretario de Estado, apoyada por el Sr. Webster, que una mayoría del Senado aprobó la recomendacion y confirmó el nombramiento, miéntras que la Cámara de representantes señaló los gastos y sueldos de los ministros para el "Congreso de Panamá," por la presion popular contra el peso de la influencia personal de numerosos políticos principales del Congreso. Y con todo, los intereses de la esclavitud, mediante las mediaciones debidas en gran parte á la prolongada discusion de la "Mision de Panamá," consiguieron contrarestar la política del gobierno. La influencia de este mismo interés en lo sucesivo, privó á nuestro gobierno de cultivar el comercio y el tráfico amistoso con los Estados Hispano-americanos independientes, impeliéndolos, con su provechoso comercio, á entablar estrechas relaciones con Inglaterra. Esto se efectuó en un grado tal, que por espacio de varios años, la correspondencia de los comerciantes de este país con los puertos de América tuvo forzosamente que conducirse por via de Inglaterra.

Bien sabido es que la influencia de la esclavitud en este pais impidió que nuestro gobierno reconociese á Haití y Santo Domingo, habiéndose conservado excluido de nuestro trato al primero de ellos, por espacio de 50 años despues de la consumacion de su Independencia, y el segundo desde el año de 1824.

Algunos de los mas poderosos opositores á la "Mision de Panamá" y muy principalmente Mr. Benton, declaró que, si se presentase la ocasion práctica de la "Doctrina americana"—si las potencias Europeas intentasen lo que ahora se ha hecho,—no solamente debíamos formar causa comun con los Estados Hispano-americanos, sino colocarnos á su cabeza, oponiéndonos con todos los esfuerzos del país á la obstinada intervencion de toda potencia, ó combinacion de potencias Europeas, en los asuntos intestinos de cualquiera de esos Estados, de tal suerte, que la menor tentativa para someter los destinos de un Estado americano, debiese considerarse como esencialmente perturbadora de la paz y seguridad de los Estados-Unidos.

La clase mercantil de nuestra poblacion, siempre la primera en advertir la proximidad de cualquier peligro nocivo á sus intereses, presagió un nuevo intento de combinaciones europeas para reconquistar la América Española y dominar su comercio; pero semejante designio, aunque todavía en embrion, se fustró por la arrojada posicion que tomó Mr. Monroe. Esos temores se han realizado de una manera mas marcada, no solamente por la disminucion de nuestro comercio, sino tambien por la sospechosa interposicion política.

Sin embargo, á la intervencion armada precedió la minoracion de nuestro tráfico, pues las artes de la diplomacia, aprovechándose de nuestra indiferencia, allanaron el camino al empleo de la fuerza.

Acaso seria demasiado arrogante el pretender, que las dificultades en que nos hallamos en la actualidad, hubiesen debido desaparecer completamente por medio de la union con los Estados Hispano-americanos desde 1826, prévia una convencion para sostener la política americana; porque no es fácil el anticipar la forma precisa que hubiese de tomar un infortunio que nosotros deseásemos evitar, preparando de antemano un remedio adecuado.   Pero si el Congreso se hubiera suficientemente impresionado para tomar precauciones contra el peligro de la Intervencion Europea, aceptando sinceramente la recomendacion del Presidente, segun algunos de nuestros mas sagaces hombres de Estado aconsejaban, el resultado del movimiento hecho entónces, habria sido la adopcion de una medida parecida, é idéntica tal vez en sus principales formas, á la que se recomienda aquí, y bajo cuya proteccion seria imposible, humanamente hablando, el que Méjico se hubiese colocado en su presente situacion.

Pero pudiera presentarse una objecion calificada de algun peso contra dicha medida, á saber : su tendencia á envolver á este pais en "Embarazosas alianzas Europeas" y el hallarse por lo mismo en oposicion con las opiniones y los consejos de nuestro primer Presidente en su "Discurso de despedida." Sin tener en cuenta los grandes cambios que han ocurrido desde entónces, y mas particularmente la variacion de actitud de las Potencias Europeas hácia este país, que exigen "un cambio correspondiente" por nuestra parte, puede responderse satisfactoriamente á esa objeccion, que una de las miras principales del arreglo, es la de contrariar la influencia que se deploraba en el "Discurso" y el hacer im-

posible la trama contra la cual amonestaba Washington á
este país. La llave para el significado de la cuestion: ¿"Por
qué abandonar el territorio propio, y ocupar el ageno?"
está contenida en los límites de la cuestion siguiente: ¿"Por
qué complicar nuestra paz y prosperidad en los tumultos de
la ambicion europea, de rivalidades, de intereses, etc., etc.,
enlazando nuestro destino con el de cualquiera parte de Europa?"

La intentada alianza estrangera era una alianza europea.
La prueba de esto, si alguna se necesitase fuera del contesto
y de la historia, propia de la ocasion para el dictámen, des-
cansa sobre el hecho de que nosotros éramos entónces la única
Potencia independiente en este hemisferio. Una alianza es-
trictamente americana puede salvarnos con seguridad, en esta
emergencia temporal, de los peligros consiguientes á las complicaciones y coaliciones de la política europea.

Se pretende como resultado natural de la convencion propuesta, que evitarémos el peligro de ser envueltos no solo en
los embrollos europeos, sino tambien en una guerra contra
una ó mas potencias europeas; guerra que gravaria seria-
mente los recursos y el vigor de este país y perturbaria por
un período indefinido la paz del mundo; y que de ser dese-
chada nos hallariamos inevitablemente complicados, con
gran riesgo para nosotros mismos, en los asuntos políticos
de Europa, en los que "nuestros intereses" no solamente son
diversos sino completamente opuestos. Si desechásemos una
combinacion americana, acaso nos veriamos forzados á aceptar
una europea; si de tal suerte perdemos la oportunidad de
vigorizar los baluartes de la independencia americana, haciendo imposible la reconquista de los Estados hispano- americanos por las potencias europeas, todo el peso de su poblacion y de sus recursos, en vez de ayudarnos, se precipitará en
la balanza en contra nuestra. Reforzada de tal suerte la

"coalicion," ¿puede nadie figurarse que se cuidará de respetar nuestros derechos ó de pensarlo mucho antes de infrinjirlos? En semejantes circunstancias toda la discrecion susceptible en el dictámen, toda la calma y circunspeccion en sus facultades, que pudiese emplear nuestro gobierno, no serian eficientes para salvarnos de la guerra á que entónces tendriamos que hacer frente con un solo brazo, a ménos de conseguir un aliado en Europa. Dícese que en todo tiempo podemos contar con Rusia, pero seguramente no está lejos de nuestra memoria el que esa potencia fué uno de los aliados que hace algunos años propusieron someter la América Española. Aún cuando Rusia se hallase libre de cualquier compromiso con las potencias del Oeste, y no demasiado empeñada en asegurar los puertos del Mediterráneo, por ella tan ambicionados, y cuyas grandes facilidades para su comercio le hacen desear con demasiado empeño el goce de privilegios y emolumentos de una nacion neutral, y se adhiriese á nuestra causa, nos veriamos entónces envueltos, de una manera inevitable en las dificultades y los peligros de complicadas alianzas estrangeras, lo cual es precisamente la política que deseamos evitar.

La verdad es, que no seria lo mas á propósito una política demasiado precabida para el fin de afianzar nuestra seguridad, y nuestro gobierno no piensa adoptarla, á la vez que trata de evitar el otro extremo. Nada tenemos que temer, y sí mucho que esperar, del aumento de relaciones y mejor conocimiento con nuestros vecinos; pero grandes desgracias que recelar y ningunos beneficios en que equilibrarlos, si permitimos á las potencias europeas el desposeer uno siquiera de esos Estados hispano-americanos, convirtiéndolo en domicilio y gérmen de las intrigas y ambiciones europeas. Verdad es que entre las naciones no existe la amistad sino por temor ó por interés; y precisamente con esa mira seria prudente el sistema de política recomendado aquí, porque con él conservariamos la amistad de las naciones europeas por medio del temor, y aumentariamos la de los Estados hispano-americanos mediante un interés progresivo.

Podrá presentarse como objecion, que el peligro de un rompimiento entre nosotros y los poderes europeos, léjos de ser "real é inminente," es muy remoto, para que se le considere digno de atencion, atendida la probable contingencia de un conflicto entre ellos mismos. Pero la historia nos presenta demasiados ejemplos, en que enemigos reconciliados vuelven sus armas contra un comun adversario, y en que amigos temporalmente desavenidos arreglan rápidamente sus disensiones y concuerdan en sus miras; para que permitamos que el aspecto presente de los negocios en Europa nos inspire en confianza de que la division es incurable ó no coexista con el entendido que hemos alegado.

El prospecto de contienda entre las testas coronadas de Europa, no es una evidencia de que haya dejado de formarse una coalicion contra la paz de América. El propósito comun interrumpido, pero no abandonado, puede revivir y ejecutarse, cuando las dificultades que hoy existen hayan sido arregladas. Puesto que los poderes europeos no acostumbran licenciar sus ejércitos en la suspension de hostilidades, nuestro peligro con una guerra en Europa aumentaria, si miéntras tanto reposamos en ilusoria seguridad y descuidamos el hacer inespugnable nuestra posicion. El arreglo de fuerzas en el otro lado del Atlántico, puede ser solamente una preparacion para emplearlas aquí. Si las actuales diferencias no se arreglan por la diplomacia, podrá verificarse por una guerra de breve duracion que escasamente debilitaria la fuerza de ambos ejércitos, miéntras que algunos de los poderes interesados podrian aprovecharse de la ocasion, para aumentar sus fuerzas sin unirse activamente á ninguno de los beligerantes.

La guerra en Europa, ya parcial ó general, en lugar de inducirnos á diferir el establecimiento práctico de nuestra política continental conocida como la Doctrina de Monroe, nos presentaria una preciosa oportunidad, que no debemos despreciar, para su aplicacion pacífica y efectiva.

La parte política del arreglo propuesto terminaria cuando su necesidad hubiese cesado ; miéntras tanto, si no se adopta alguna política semejante, la alternativa en que nos veríamos colocados, seria probablemente pingüe en complicaciones interminables y desastrosas : la falta de armonía entre las naciones americanas independientes, es un aliciente para la agresion europea, que concluiria al saberse que nos hallamos unidos con el propósito de rechazarla.

El pueblo de los Estados Unidos verá con placer los beneficios que resultarán de un plan que les abrirá un estenso campo para empresas, y creará una nueva y siempre creciente demanda de los productos de su ingenio ó industria, trayéndoles á un mismo tiempo riquezas de que no se puede formar adecuado concepto, y asegurándoles un alivio completo de la contribucion que abruma hoy todos los intereses del país.

El pueblo de los Estados Hispano-americanos saludaria con placer la llegada de la paz ; y serian eficaces estímulos al desarrollo de su enerjía la promesa de comodidad y lujo, la acrecentada produccion de su suelo y de sus minas, y la opulencia que con todos sus goces, haria brotar en su rededor un pingüe comercio esterior. Practicarian mas eficazmente la frugalidad cuando estuvieran seguros de la posesion de los productos de su trabajo, y serian cada vez mas ambiciosos de acumular riquezas en proporcion de la ostentacion y del placer despertados con la consideracion y la experiencia de toda clase de mejoras de la vida social. Que comprendan que los medios de la comodidad y del placer pueden proporcionárselos cambiando con nosotros sus productos por nuestras manufacturas, sin los desastrosos efectos de su actual sistema de pagar sus importaciones en gran parte con sus metales preciosos, no dejando sino corta cantidad en la forma de moneda y capital para estimular la industria y proporcionar provechosas facilidades para el comercio interior; y conservarán entónces en su poder una gran parte de su plata y de su oro, convirtiéndolo en capital fijo y en un medio de circulacion, que infundirá nueva vida en todos los ramos de los negocios, habilitándoles para cubrir su extenso territorio con ferrocarriles y telégrafos, y haciendo brotar una prosperidad permanente, con un lucrativo comercio interior y esterior, en beneficio mútuo de ellos y de nosotros.

Los gobiernos de esos paises obtendrian los primeros frutos de los beneficios de su alianza, con una pronta colocacion de sus Bonos. La seguridad de paz en el interior vendria á darles un crédito cierto en el esterior, pues aquella seria una garantía de prosperidad. Es tal la fama de la opulencia natural de esas regiones, que la probabilidad de una futura tranquilidad consagrada al trabajo bajo la proteccion de la Ley, atraeria inmediatamente la atencion á su credito público, miéntras que crearia una nueva demanda á los fondos sobrantes de los capitalistas. Los productos de sus empréstitos empleados, como serian, en estimular mejoras por medio del apoyo que recibiesen las varias empresas privadas, darian vida á otras seguridades que invitarian ademas á la colocacion de capitales. El impulso que podria darse al ramo de minas bajo la influencia del capital aumentado, en grande escala, con el empleo del hábil y científico labor y la maquinaria perfeccionada, en esos paises en que el material es mas rico y abundante que en otra parte alguna del globo, y en los cuales los metales preciosos se encuentran en tal pureza, que no requieren procedimientos costosos para separarlos de sus

minerales, seria por sí mismo, en la confianza de sus resultados, un amplio aliciente para que los hombres mas influyentes
del continente americano, prestasen en favor de este arreglo
los mas eficaces esfuerzos.

El producto natural de los bosques, sin igual en riqueza de
materiales para las artes de la vida útil y elegante, principalmente el inagotable surtido de maderas de construccion, de
tintes, drogas y goma elástica, presentaria un estenso campo
para la industria y comercio no menos halagüeño que el de las
minas de metales preciosos. Esos bosques proporcionarian un aliciente natural á una inmensa porcion de gente
emprendedora, que disponiendo de medios para unirse al
pueblo de esos paises en su industria y energía, podria llevar
á sus nuevos hogares un elemento de riqueza altamente
apetecible, con relacion á hombres de estado y patriotas que
se interesasen por el establecimiento de su prosperidad, tanto
con referencia al carácter y poder productivo de los inmigran-
tes, como á su inmediata contribucion al capital, mientras
que el tráfico que se obtendria con su esplotacion aumentaria enormemente el comercio de todos los paises comprendidos en el arreglo.

Con tanta mayor confianza sometemos al pueblo la política
que aquí aconsejamos, como auxiliar de la generalmente
adoptada por nuestro Gobierno, cuanto que ella armoniza en
todo con el proceder firme y digno, aunque moderado y pacífico, observado hasta ahora por la Administracion en nuestras
relaciones esteriores. Preséntase con la esperanza de que
contribuya á la solucion pacífica del problema político que en
la actualidad se está planteando y estableciendo, como un de-
creto que deben observar en lo futuro todas las naciones; con
entera fé en sus resultados, si se llevase á cabo por completo, para prestar muchos mayores beneficios á los Estados
Unidos y á los demas paises comprendidos en el arreglo, del

que han sacado hasta ahora de los tratados comerciales que rigen hoy el tráfico de este continente con todo el orbe.

Pero poniendo á un lado los resultados materiales, cualesquiera que ellos sean, concluirémos diciendo que el asunto de que tratamos afecta nuestro orgullo y nuestra dignidad nacional; pues que sin salirnos de los límites de nuestra misión, debemos afianzar el triunfo pacífico de nuestros principios, y, luchando con la prerogativa y autoridad asumidas por la coalicion de monarcas europeos para gobernar con el consentimiento de los pueblos ó sin él, probar nuestra habilidad para mantener por medio de la diplomacia, como ya lo hemos hecho con las armas, los derechos del hombre, cuyos defensores en todo el orbe recibieron de nosotros la inspiracion, y no podrian mantenerse por mucho tiempo en el terreno si no estuviesen animados por nuestro triunfo y sostenidos por nuestro poder.

Nueva York, Abril 1866.

www.ingramcontent.com/pod-product-compliance
Lightning Source LLC
Chambersburg PA
CBHW021520090426
42739CB00007B/697